GRANDE LOGE DE FRANCE

LIBERTÉ — ÉGALITÉ — FRATERNITÉ

La Grande Loge de France
n'est pas une Association déclarée

DOIT-ELLE FAIRE SA DÉCLARATION ?

Conférence faite à la R∴ L∴ l'Alliance

par le F∴ HARRENT

GR∴ ORAT∴ DE LA GRANDE LOGE DE FRANCE

PARIS

IMPRIMERIE J.-E. WATELET

69, Avenue d'Orléans, 69

1913

RITE ÉCOSSAIS ANCIEN ACCEPTÉ

GRANDE LOGE DE FRANCE

LIBERTÉ — ÉGALITÉ — FRATERNITÉ

La Grande Loge de France n'est pas une Association déclarée

DOIT-ELLE FAIRE SA DÉCLARATION ?

Conférence faite à la R∴ L∴ l'Alliance

par le F∴ HARRENT

GR∴ ORAT∴ DE LA GRANDE LOGE DE FRANCE

PARIS
IMPRIMERIE J.-E. WATELET
69, Avenue d'Orléans, 69

1913

La Grande Loge de France n'est pas une Association déclarée

DOIT-ELLE FAIRE SA DÉCLARATION ?

CONFÉRENCE FAITE A LA R∴ L∴ *l'Alliance*

par le F∴ HARRENT, Gr∴ Orat∴ de la G∴ L∴ de F∴

TT∴ ILL∴ MM∴, Vén∴ MM∴, Mes FF∴,

Votre présence nombreuse, ce soir, indique la gravité de la question mise à son ordre du jour par la R∴ L∴ *L'Alliance*. Elle me fait un devoir de m'excuser d'aborder devant vous un sujet d'ordre juridique, du moins sous un de ses aspects, sans pouvoir donner à ma parole l'appui de quelqu'une de ces qualités profanes qui, souvent, donnent du relief à certains travaux de notre Ordre. Je le regrette personnellement, bien que je sois convaincu, cependant, qu'il est utile, dans la question qui nous occupe aujourd'hui, comme dans toutes les autres, que nous entendions l'avis de ceux qui n'appartiennent pas de trop près au milieu intéressé. L'influence déprimante et parfois déformante des milieux et des fonctions a été trop souvent mise en lumière pour que j'y insiste.

J'ai apporté dans l'étude de cette question toute la conscience qu'un maçon peut mettre dans l'examen d'une question ; j'y ai apporté l'esprit le plus absent de préjugés possible. En préparant cette étude pour nos Frères et pour vous tous, j'ai rempli un devoir. J'étais absent lorsque je fus désigné pour prendre la parole ce soir, et si je n'ai pas hésité à remplir ce devoir maçonnique, c'est parce que je crois que, dans cette question, — et vous

serez fort probablement de mon avis — il y a quelque
chose qui domine la minutieuse comparaison des avantages et des inconvénients d'une déclaration, l'essai de
compréhension de la jurisprudence existante et de divi-
nation de la jurisprudence à venir, voire même les consi-
dérations strictement légalistes, il y a l'esprit maçonnique lui-même qu'il nous faut suivre, protéger, défendre
et perpétuer.

La première partie de cette conférence sera un exposé
aussi précis que possible de la situation actuelle faite aux
associations par la loi de 1901, partant de celle faite aux
sociétés déclarées. Ainsi seront mises en lumière la si-
gnification de la déclaration, ses inconvénients, ses avantages.

Dans la seconde partie, nous verrons ce qui nous pa-
raît être conforme à l'esprit, à l'idéal maçonniques.

*
* *

Au préalable, il me faut insister sur la déclaration
que vous a faite notre F∴ Niade. Il vous a dit tout à
l'heure : « La Grande Loge de France n'est pas déclarée » ;
je repète également : « La Grande Loge de France n'est
pas déclarée », et c'est au nom du Cons∴ Féd∴ que
j'apporte cette affirmation.

Une société a été constituée qui n'indique sous aucune forme son alliance, ni sa parenté avec la Grande
Loge de France, qui ne l'indique pas dans la forme de la
déclaration, qui n'a pas les mêmes membres, le même
Conseil d'administration.

Son but précis est connu de vous tous et, de longs
débats l'ont établi, malgré sa qualité d'association déclarée, elle s'est trouvée inapte aux fonctions de propriétaire que la loi lui conférait et que de multiples exigences
comme il s'en trouve souvent, qui laissent les charges
légales et en suppriment les avantages, ont rendu impos-
sibles.

Aussi cette société *Fraternelle Vérité* va incessamment disparaître sans que pour cela la G∴ L∴ de France en éprouve quelque dommage — ce qui est la preuve péremptoire que les confondre toutes deux marque peu de clairvoyance (1).

Donc la Grande Loge de France n'est pas une Société déclarée, personne ne peut de bonne foi contredire cette affirmation.

*
* *

Doit-elle faire sa déclaration ?

Laissez-moi tout d'abord vous lire les articles de la loi de 1901 relative aux Associations et dont la connaissance est indispensable pour résoudre la question, au point de vue juridique s'entend.

TITRE PREMIER

ARTICLE PREMIER

L'association est la convention par laquelle deux ou plusieurs personnes mettent en commun, d'une façon permanente, leurs connaissances ou leur activité dans un but autre que de partager des bénéfices. Elle est régie, quant à sa validité, par les principes généraux du droit applicables aux contrats et obligations.

ART. 2

Les associations de personnes pourront se former librement, sans autorisation ni déclaration préalable, mais elles ne jouiront de la capacité juridique que si elles se sont conformées aux dispositions de l'article 5.

ART. 3

Toute association fondée sur une cause ou en vue d'un objet illicite, contraire aux lois, aux bonnes mœurs, ou qui aurait pour but de porter atteinte à l'intégrité du territoire national et à la forme républicaine du Gouvernement, est nulle et de nul effet.

ART. 4

Tout membre d'une association qui n'est pas formée pour un temps déterminé peut s'en retirer en tout temps, après paiement des

______

(1) L'Association « *Fraternelle Vérité* » a été dissoute par décision de l'Assemblée Générale, à la date du 21 juillet 1913.

cotisations échues et de l'année courante, nonobstant toute clause contraire.

Art. 5

Toute association qui voudra obtenir la capacité juridique prévue par l'article 6 devra être rendue publique par les soins de ses fondateurs.

La déclaration préalable en sera faite à la préfecture du département ou à la sous-préfecture de l'arrondissement où l'association aura son siège social. Elle fera connaître le titre et l'objet de l'association, le siège de ses établissements et les noms, professions et domiciles de ceux qui, à un titre quelconque, sont chargés de son administration ou de sa direction. Il en sera donné récépissé.

Deux exemplaires des statuts seront joints à la déclaration.

Les associations sont tenues de faire connaître, dans les trois mois, tous les changements survenus dans leur administration ou direction, ainsi que toutes les modifications apportées à leurs statuts.

Ces modifications et changements ne sont opposables aux tiers qu'à partir du jour où ils auront été déclarés.

Les modifications et changements seront en outre consignés sur un registre spécial qui devra être présenté aux autorités administratives ou judiciaires chaque fois qu'elles en feront la demande.

Art. 6

Toute association régulièrement déclarée peut, sans aucune autorisation spéciale, ester en justice, acquérir à titre onéreux, posséder et administrer, en dehors des subventions de l'État, des départements et des communes :

1° Les cotisations de ses membres ou les sommes au moyen desquelles ces cotisations ont été rédimées, ces sommes ne pouvant être supérieures à cinq cents francs (500 fr.) ;

2° Le local destiné à l'administration de l'association et à la réunion de ses membres ;

3° Les immeubles strictement nécessaires à l'accomplissement du but qu'elle se propose.

Art. 7

En cas de nullité prévue par l'article 3, la dissolution de l'association sera prononcée par le tribunal civil, soit à la requête de tout intéressé, soit à la diligence du ministère public.

En cas d'infraction aux dispositions de l'article 5, la dissolution pourra être prononcée à la requête de tout intéressé ou du ministère public.

Art. 8

Seront punis d'une amende de seize à deux cents francs (16 à 200 fr.) et, en cas de récidive, d'une amende double, ceux qui auront contrevenu aux dispositions de l'article 5.

Seront punis d'une amende de seize à cinq mille francs (16 à 5.000 fr.) et d'un emprisonnement de six jours à un an, les fondateurs, directeurs ou administrateurs de l'association qui se serait maintenue ou reconstituée illégalement après le jugement de dissolution.

Seront punies de la même peine toutes les personnes qui auront favorisé la réunion des membres de l'association dissoute, en consentant l'usage d'un local dont elles disposent.

Art. 17

Sont nuls tous actes entre vifs ou testamentaires, à titre onéreux ou gratuit, accomplis soit directement, soit par personne interposée, ou toute autre voie indirecte, ayant pour objet de permettre aux associations légalement ou illégalement formées de se soustraire aux dispositions des articles 2, 6, 9, 11, 13, 14 et 16.

Sont légalement présumées personnes interposées au profit des congrégations religieuses mais sous réserve de la preuve contraire :

1° Les associés à qui ont été consenties des ventes ou fait des dons ou legs, à moins, s'il s'agit de dons ou legs, que le bénéficiaire ne soit l'héritier en ligne directe du disposant ;

2° L'associé ou la Société civile ou commerciale composée en tout ou partie des membres de la congrégation, propriétaire de tout immeuble occupé par l'association ;

3° Le propriétaire de tout immeuble occupé par l'association, après qu'elle aura été déclarée illicite.

La nullité pourra être prononcée soit à la diligence du ministère public, soit à la requête de tout intéressé.

Telle est la charte actuelle des Associations.

Vous vous rendez compte immédiatement que la déclaration ne nous est aucunement demandée par la loi, qu'elle est une simple question d'opportunité laissée à notre appréciation, qu'elle ne s'imposerait à nous que dans la mesure des avantages qu'elle pourrait nous assurer.

Nous nous trouvons actuellement en face de trois formes d'associations, toutes trois légales. La première, c'est l'Association pure et simple qui est constituée par l'union de deux ou de plusieurs personnes qui mettent en commun, selon la définition que vous avez entendue tout à l'heure, leur activité pour un but déterminé, pourvu que ce but ne soit pas un but de lucre, association sans déclaration, association néanmoins légale, je le répète, puisqu'elle est prévue dans la loi elle-même.

Nous avons une seconde forme d'Association. Lorsque ces hommes qui se sont réunis dans les conditions que j'indiquais tout à l'heure désirent ou veulent obtenir du Pouvoir certaines possibilités d'action, le Pouvoir leur répond qu'ils les auront à condition de faire une déclaration. « Vous nous ferez une déclaration, dit-il, et nous vous accorderons certains privilèges (nous pouvons appeler cela des privilèges puisque ces possibilités ne sont pas concédées à toutes les associations existantes). Nous vous accorderons deux grands privilèges : le premier, sera celui d'ester en justice sans autorisation et le second, sera celui de posséder (de posséder avec des restrictions fort importantes que nous aurons lieu de regarder d'un peu plus près tout à l'heure). »

Je disais qu'une troisième forme d'Association existait à côté de ces deux premières : c'est la forme d'association reconnue d'utilité publique. Cette reconnaissance d'utilité publique accordée par décret, quelquefois dans certaines circonstances par une loi, concède de nouveaux privilèges, c'est ainsi que, déclarée d'utilité publique, l'Association peut recevoir, avec une autorisation spéciale néanmoins, des dons manuels et des legs.

Voila les trois formes reconnues par la loi relative au contrat d'association.

Il est peut-être intéressant, avant de souligner quelques-uns des points qui concernent chacune de ces formes ou chacune de ces associations, de voir dans quel esprit la loi a été votée, ou plutôt à la suite de quelle hésitation on est arrivé à nous donner cette élémentaire liberté d'association, si singulièrement réduite, mais qui n'en est pas moins, pour notre temps, une véritable conquête sur les temps qui ont précédé.

Laissez-moi vous donner l'appréciation d'un juriste, homme politique considérable, qui ne fut pas des nôtres. M. Piou écrivait en 1901 :

« Toute association a la vie libre devant elle, à la condition de ne rien posséder ; et une association qui défend une idée n'a besoin de rien posséder, elle peut se développer sans tutelle, grandir sans contrôle, vivre sans entraves.

Une loi qui consacre de tels droits porte en elle-même toute une Révolution ».

En fait, avant la loi de 1901, on avait le droit de dire que la liberté d'association était inexistante. Si les mœurs la soutenaient et la défendaient, la loi l'interdisait, il est vrai que quelquefois, toujours malgré eux, les Gouvernements la toléraient. Le résultat obtenu est celui-ci, c'est qu'il est déclaré par la loi elle-même que des hommes peuvent se réunir, constituer une Association, sans faire quelque déclaration que ce soit. Hélas ! qu'allait on faire de cette liberté conquise ?

Je lisais, ces jours derniers, une remarque très intéressante présentée par un étranger, un Allemand. « C'est extraordinaire, écrivait-il, comme les Français, dans la pratique, paraissent savoir bien peu ce que c'est que la Liberté. Pour une fois, on leur accorde la liberté de s'associer, mais comme on leur a mis à côté la possibilité d'aller toutefois chez le Préfet faire signer un papier pour avoir une Association déclarée, au lieu de rester tranquillement en Associations libres, ils ont tous couru chez le Préfet se faire autoriser. »

C'est une observation singulièrement exacte pour la psychologie générale des Français et un peu attristante, il faut l'avouer.

Les républicains au Parlement luttent pour conquérir une liberté que vont vite dédaigner ceux à qui on l'offre.

Le projet déposé par Waldeck-Rousseau ne ressemblait en rien à loi qui fut votée. A la base de ce projet, il plaçait la constitution d'associations, sans capacité juridique, avec possibilité d'établir, à côté de chacune de ces Associations, une communauté d'intérêts qui pouvait servir à assurer l'indispensable pécunier pour faire vivre l'Association. Telle était la conception de Waldeck-Rousseau qui avait vu attentivement comment les choses se passaient chez nous depuis bien longtemps, qui savait fort bien que les atteintes à la liberté d'association, à travers tous les temps, ont été néfastes aux Gouvernements qui les ont portées, notamment en France.

La Commission de la Chambre immédiatement transforme ce projet. Elle veut la déclaration obligatoire de toutes les Associations et la création de deux sortes d'Associations : des Associations déclarées avec capacité juridique limitée et des Associations, existant déjà auparavant, reconnues d'utilité publique avec capacité juridique plus complète. Lorsque M. Trouillot, rapporteur de cette loi, vint la présenter à la Chambre, des interventions très éloquentes se produisirent, et il nous plaît de souligner, en particulier, celle de notre F∴ Groussier qui défendit avec une énergie extraordinaire la liberté d'association et qui fut précisément un de ceux qui firent inscrire dans la loi que la première forme de l'association c'était l'association libre. C'est alors que fut voté le projet dont je ne vous referai pas l'historique.

Nous sommes donc, en réalité, éliminant immédiatement la question de la reconnaissance d'utilité publique, tout au moins pour l'instant, en face de deux formes aussi légales l'une que l'autre, aussi régulières l'une que l'autre et qui sont l'Association non déclarée (c'est la nôtre, c'est celle de la Franc-Maçonnerie française de tous les temps), et l'Association déclarée.

Nous sommes, depuis 1901, dans cette situation que nous n'avions jamais connue précédemment, dans la légalité en ne faisant aucune déclaration. Nous avions, autrefois, toujours vécu sous la menace d'un fameux article du Code pénal bien connu, sous la menace des lois et décrets concernant les sociétés secrètes et qui n'avaient jamais été, d'une façon bien complète, abrogés. Aujourd'hui, grâce à cette loi des Associations, nous sommes dans la légalité, nous avons le droit d'être ce que nous sommes : des hommes réunis ayant un but commun et marchant à la réalisation de ce but commun par les moyens les meilleurs et les plus pratiques.

Pourquoi, alors, irions-nous faire une déclaration ? Qu'est-ce que cette déclaration va vous donner que nous n'ayons pas ? Ce que nous avons, mais c'est ce que nous avons depuis des siècles, c'est ce qu'a eu la Mac∴ avant nous et, ma foi, elle n'a pas fait si mauvaise besogne avec ce qu'elle a eu, avec la liberté qu'elle a prise, même en face des menaces de la législation. Il me semble qu'elle a réalisé d'appréciables progrès à travers l'histoire, sans éprouver le besoin de porter le nom de ses administrateurs et ses statuts en quelque préfecture ou en quelque ministère. Elle a mené droit son chemin à travers les siècles. Quand on a voulu l'ignorer elle en a été satisfaite, et quand on a voulu la connaître on l'a trouvée. Et les Gouvernements qui ont tenté de la connaître ont su à certaines heures ce qu'il leur en a coûté. (*Salve d'applaudissements*).

Pour quitter cette situation séculaire que la Maç∴ occupe, qui a permis sa vie féconde, lui a assuré une place que nulle autre Association n'occupe et un renom d'indépendance absolue qui fait sa gloire, il va falloir des avantages considérables et évidents... et encore nous les fils de ceux qui meurent pour la Liberté nous serions tentés de laisser de tels avantages pour garder la Liberté. (*Applaudissements.*)

Société non déclarée, c'est ce que nous sommes, c'est ce que nous avons été à travers les temps. Et pour que nous nous déclarions que vient-on nous offrir ?

Mais une question préalable se pose. Qu'allons nous déclarer si nous déclarons la Grande Loge de France ? La chose est d'importance et les effets juridiques sont singulièrement différents, qu'il s'agisse d'une déclaration d'Association ou d'une déclaration de Fédération d'Associations.

Il est de toute évidence que si nous nous en tenons à nos documents écrits et à notre organisation, nous ne pouvons pas qualifier la Grande Loge de France autrement que Fédération ou Union des Ateliers qui la constituent, qui l'administrent par des mandataires élus par eux, qui conservent en des assemblées fréquentes le contrôle et l'orientation de l'ensemble.

Il ne m'apparait pas que nous puissions, respectueux de la vérité, déclarer la Grande Loge comme une Association. La déclaration manquerait de loyauté et il serait trop facile à des adversaires, un jour de conflit, de le démontrer à nos dépens.

Nous ne pourrions le faire, sans renier notre organisation et notre esprit démocratique, et il serait indigne de nous de le faire.

Si nous jugeons que la Déclaration s'impose, nous devons déclarer la Grande Loge de France, Union ou Fédération des associations, c'est-à-dire des at∴ qui la composent.

Je ne sais pas si un de nos FF∴ oserait faire une telle proposition après avoir entrevu les dangers d'ordre juridique et d'ordre intérieur qu'elle comporterait, s'il s'en trouverait un qui oserait mettre en balance les avantages à peu près illusoires et inutiles que la Déclaration offrirait et le bouleversement qu'elle créerait.

Et je vais brièvement apporter quelques précisions. Les deux pseudo-avantages de la déclaration : droit d'ester en justice, droit de posséder, réalisables sous d'autres formes sont d'une inutilité plus absolue encore que pour la simple association.

Le droit d'ester en justice exercé par un Cons∴ Féd∴ sollicité d'intervenir même à l'heure où l'intervention ne se légitime pas, mal informé, trop audacieux, trop timide, quelle source de conflits intérieurs !

Le droit d'ester en justice au nom de la Fr∴ Maç∴ française attaquée, outragée... Mais il faudrait pour cela l'accörd des Obéd∴ dans les poursuites pour qu'elles soient efficaces. La jurisprudence n'est pas si favorable à ces actions collectives que nous ayions lieu d'en attendre quelque résultat utile. Nous irons nous jeter en des procès qui permettront sans doute d'éloquents effets de prétoire mais dont l'issue, fut-elle favorable, n'ajoutera rien à la gloire ni à l'influence de notre Ordre∴.. Quel triomphe que celui de la Maç∴ trainant derrière elle quelques gérants de journaux ignorants et insolvables !

Quelle attitude autrement digne fut celle de tous nos prédécesseurs, et autrement compréhensive des réels intérêts de la Maç∴.. Furent-ils moins attaqués, moins calomniés, moins injuriés que nous le sommes ? Les accusations les plus odieuses et les plus perfides traînent depuis des siècles dans les livres et les journaux. Et les Maç∴ de tous les temps n'ont pas pensé que toute cette agitation de leurs adversaires eut besoin d'une autre sanction que celle de leur dédain et de leur mépris et la sérénité de leurs travaux Maç∴ ne s'est pas troublée des jeux de police et de justice. Ils ont pensé que nos Temples de Beauté, d'Harmonie et de Paix ne devaient pas connaître les éclaboussures de certaines fanges. Et sans doute aussi ils ont pensé, ce que beaucoup d'entre nous pensent, qu'un peu de l'estime et du progrès de la Maç∴ vient de la violence et de l'évidente haine de nos adversaires, que de telles attaques font un peu de notre gloire et de notre grandeur, qu'elles sont l'hommage rendu à notre activité, à notre puissance. Tant que la Maç∴ sera fidèle à son idéal et travaillera à le réaliser dans l'Humanité, elle n'aura pas besoin de panégyristes dans les prétoires et les esprits sensés qui seuls nous intéressent verront dans sa sérénité impassible, une preuve nouvelle de sa haute dignité morale. *(Vifs applaudissements.)*

Le droit de posséder, autre pseudo-avantage de la

Déclaration, va-t-il nous séduire? Mais dites-moi, mes FF.·., est ce que, sans déclaration, à travers le monde et sous tous les régimes la Maç.·. n'a pas possédé. Est-ce que, jusqu'aujourd'hui, nos Obéd.·. françaises n'ont pas exercé ce droit. La G.·. L.·., le G.·. O.·., possédent meubles et immeubles. Qui les a troublés en leur possession ? et au nom de quels intérêts les troublerait-on ! Au nom de quelle légalité discutable et de quelle jurisprudence inexistante le ferait-on ? et quel gouvernement a jamais osé assumer la responsabilité d'un tel acte. Même à l'heure où nous étions sans conteste hors la légalité, nul pouvoir, même réactionnaire, ne l'a tenté. Aujourd'hui où nous sommes dans la légalité, régis par une loi remplie d'incertitudes, d'équivoques, d'impossibilités d'application, ce serait vraiment un curieux spectacle.

D'ailleurs faute de Déclaration, on nous ignore et on n'agit pas. Mais la Déclaration nous fait connaître et permet d'agir. Le devoir strict des exécuteurs de la loi est de veiller à son observation, à ce que, Association déclarée, nous ne soyons propriétaire que dans la limité fixée par nos propres besoins. Quel bienfait que ce droit de curiosité des administrations diverses sur nos ressources et leur emploi !

Et il m'apparait que j'avais raison de parler de pseudo-avantages, tant ils ont figure d'inconvénients.

Et cela s'acquerrait par l'obligation pour tous les at.·. composant la Fédération, de faire eux aussi leur déclaration, en même temps que la Fédération, elle, fait la déclaration de ces mêmes at.·. et de leur Président. Il est évident qu'il n'est pas admissible qu'une association non déclarée bénéficie des avantages de la déclaration, en faisant partie d'une Fédération déclarée. Deux formes d'intervention peuvent se produire, ou le Ministère public fait déclarer nulle, une déclaration d'Union d'Associations qui ne sont pas toutes déclarées, ou il fait mettre en demeure les associations dont l'union lui a fait connaître l'existence, de faire leur déclaration ou de quitter l'Union.

D'autre part, vous ne serez pas surpris, que nous qui appartenons à une Obéd.·. à forme démocratique, qui demandons la discipline non à l'autorité, mais à l'harmonie consentie dans la liberté, nous nous montrions inquiets de ce redoutable renforcement, de la puissance centrale au détriment de l'autonomie de nos at.·.. Et c'est en pensant à nos at.·., à ceux de province surtout, que nous serions profondément troublés si une telle déclaration était faite. Rien ne la justifie, tout la déconseille. *(Applaudissements.)*

Il nous faut envisager la seconde hypothèse.

Supposons maintenant que méconnaissant notre organisation, par une habileté qui ne serait pas un titre de gloire pour notre Ordre, nous dissimulions notre identité et transformant notre Cons.·. Féd.·. en une association nous le baptisions G.·. L.·. de France, nous aurions une Association simple déclarée.

Que nous offre-t-on en échange de cette déclaration ?

Le droit d'ester en justice. Contre qui ? Contre nos frères ! Mais, est-ce que nous n'avons pas une justice maçonnique (Très bien !) dont nous pouvons dire « qu'elle vaut l'autre », en réalité ? (*Vifs applaudissements*). Est-ce que vous éprouveriez par hasard le besoin de pouvoir demain solliciter d'un tribunal une décision contre un de vos frères ? Est-ce que, parce que la loi rend la cotisation obligatoire pour l'année courante, nous aurions le droit de conduire devant le Tribunal civil un frère qui ne paie pas sa cotisation. Qui l'obligerait à la payer ? Est-ce pour cela que nous ferions notre déclaration ? (*Vifs applaudissements*).

Droit d'ester en justice contre des tiers ? Mais il est indiqué dans la définition même de l'Association en général, même de l'Association déclarée qu'il n'y a pas d'intérêts pécuniaires en jeu ; quant aux intérêts moraux, aux poursuites contre insulteurs ou diffamateurs, j'ai dit plus haut ce que j'en pensais.

Mais vous allez avoir le droit de posséder. De posséder quoi ? On vous le dit : les cotisations des membres. Mais la société non déclarée a, elle aussi, les cotisations de ses membres et elle a droit de les percevoir. Elle n'a pas la possibilité de recourir à un tribunal pour les faire payer, c'est une affaire entendue, mais ces poursuites sont onéreuses et lamentables.

Passons au local destiné à l'administration de l'association et à la réunion de ses membres. Vous avez le droit, si vous êtes société déclarée, d'être le propriétaire de votre local. Il y a peut-être de multiples moyens, qui ont toujours été employés et qui seront toujours employés, quelle que soit la législation existante, pour avoir cette propriété et si on n'a pas cette propriété on peut toujours se contenter d'être le locataire de quelqu'un que l'on connaît très bien, et qui est propriétaire ; la preuve de l'interposition de personnes n'apparaît pas toujours avec une netteté si facile pour qu'elle soit retenue d'office immédiatement par un Ministère public. Il faut qu'il soit bien sûr de son fait et vous savez vous-même combien les Gouvernements ont toujours hésité avant d'user de ces armes dangereuses.

Lors d'un fameux procès, celui de la Patrie Française, Brunetière fit cette déclaration fort intéressante : « En effet, nous avons vécu sans aucune déclaration et contrairement à la loi ; nous n'avons fait de déclaration que lorsque nous avons connu les poursuites qui allaient arriver et afin de pouvoir y répondre d'une façon assez pratique. Mais voulez-vous savoir, dit-il, pourquoi nous n'avions pas fait cette déclaration ? Non seulement parce que cela ne nous plaisait pas de la faire, mais parce que le Gouvernement nous avait demandé de ne pas la faire, disant : « Si vous demandez l'autorisation, nous serons bien ennuyés ; continuez à vivre et nous vous ignorerons. »

Ne nous inquiétons donc pas trop des lois qu'aucun Gouvernement n'a jamais pu en réalité appliquer. Donc, vous aurez le local nécessaire à l'accomplissement du but que vous vous proposez, un local pour votre administration et un local pour vos réunions.

La déclaration ne vous donne le droit de recevoir ni dons ni legs. Cependant, elle fait courir un petit risque que nous ne courons pas. Nous, nous ne déposons pas nos statuts, on ne connaît pas nos cotisations. Vous savez que la liberté des cotisations est laissée en vertu de la loi, ou tout au moins en vertu des déclarations qui ont été faites. Lorsque la question des cotisations a été discutée devant la Chambre, il a été stipulé pour leur rachat que celui-ci ne pouvait pas dépasser 500 francs, mais on a largement laissé entendre également que si les cotisations étaient à ce point élevées, qu'elles pouvaient paraître des dons manuels, le Ministère public avait le droit d'intervenir pour dissoudre l'Association qui tourne la loi dans cette circonstance.

La loi dit en effet : Je ne veux pas que ces associations possèdent, je ne veux pas qu'elles reçoivent des dons, je ne veux pas qu'elles reçoivent des legs, je ne veux pas que si quelqu'un entre dans cette Association, il puisse racheter sa cotisation plus de 500 francs. Je suppose que demain vous mettiez vos cotisations annuelles à 1000 francs. Sera-t-il difficile alors au Ministère public d'établir d'une façon très nette que vous violez la loi, que ce sont de véritables dons manuels qui sont faits, que ce n'est pas là le taux normal des cotisations ? Le fera-t-il ou ne le fera-t-il pas ? Je crois qu'il ne le fera pas, pas plus pour nous que pour d'autres. Il n'en est pas moins vrai que l'on ne peut pas nous ennuyer sur ce point puisque l'on ne connait pas le chiffre des cotisations.

Voilà vos bénéfices... et c'est tout ; vous n'avez rien autre chose. Nous sommes, nous, dans une situation légale aussi bien que vous, au même titre que vous. La loi nous permet de ne pas faire de déclaration, d'exister comme association sans aller le déclarer à qui que ce soit. C'est notre droit, il est dans la loi. Mais vous, si vous allez faire cette déclaration, si vous faites cette démarche, vous obtenez les deux bénéfices que je vous ai indiqués. Vous irez en justice ; quoi y faire ? Je vous le demande ; et vous posséderez.... ce que vous possédez déjà (*Rires*) et ce que nous possédons, et ce en quoi on ne vous a jamais troublés, quoique dans ce temps nous étions société illicite.

Ah ! je sais bien que si, par hasard, c'était là une étape pour arriver à la reconnaissance d'utilité publique, pour obtenir la provende gouvernementale la déclaration deviendrait compréhensible. Tel n'est pas le cas assurément. Il n'est pas un maç.·. qui accepterait cette domestication, autrement la loi ne nous offre rien qui en vaille la peine. Le droit d'ester en justice, nous n'en avons aucun besoin, et le droit de propriété, nous savons nous arranger pour l'avoir sans qu'il soit troublé, et sans qu'on ait envie de le troubler.

Je sais très bien que lorsqu'on a voulu faire accepter la loi, on a eu des mots très gentils. M. Trouillot a dit : « Qu'est-ce que nous vous demandons ? Nous ne touchons pas à votre liberté ; nous vous demandons de faire simplement ce que fait un père de famille ; quand son enfant vient au monde, il le déclare ; cela ne limite pas sa liberté. Eh bien ! nous vous demandons, quand cet autre enfant qui s'appelle une collectivité, une personnalité morale, vient au monde de nous le déclarer. Comme cela ne vous coûte pas grand'chose nous vous donnerons quelques bénéfices. »

C'est chose singulière que de voir un Gouvernement donner quelque chose quand on ne lui donne rien *(Rires)*. Mais malgré toutes ces belles déclarations, il n'en est pas moins vrai qu'il va y avoir peut-être la possibilité de certaines perturbations. J'entends bien que vous allez avoir un droit que j'ai souligné énergiquement tout à l'heure parce qu'il fallait le faire : toucher la cotisation de vos membres ; mais vous aurez le revers de la médaille. Vous savez aussi bien que moi que, quels que soient les statuts d'une société, quand elle exclut l'un de ses membres, celui-ci a toujours le droit de porter la question devant le tribunal civil et qu'il arrive souvent (les exemples ne sont pas rares) qu'un membre exclu est réintégré dans la dite société par le tribunal. J'ai connu le fait il y a deux ans parce que j'ai participé à cette action ; je me trouvais dans une assemblée générale ; des discussions très vives surgirent, tellement vives que deux des membres de cette assemblée « se prirent aux cheveux ». Il se trouvait qu'un de ces deux membres était administrateur ; le Conseil d'Administration, naturellement, estimant que ce n'étaient pas là des mœurs et les statuts lui donnant le droit sans appel d'exclure de la société tout membre causant des troubles à l'Assemblée générale, exclut ce membre. L'intéressé alla devant le tribunal civil ; cette juridiction estima que le motif était insuffisant et le réintégra en tous ses droits.

Si donc vous êtes une société déclarée, vous aurez le droit de toucher des cotisations, mais vous donnerez à vos membres le droit de se défendre ailleurs que chez vous. Il faut que nous réfléchissions un peu sur les résultats que pourra donner l'exercice de ce droit.

Nous aurons ensuite l'intervention régulière des pères de famille lorsque des mineurs entreront chez nous ; nous pourrons avoir l'intervention du mari lorsqu'une femme mariée entrera chez nous ; il faut, par conséquent, nous attendre à ces petits inconvénients qui m'apparaissent comme très gros.

Nous serons obligés de remettre à l'autorité administrative et à l'autorité judiciaire (les deux mots se trouvent dans la loi elle-même) nos registres. Elles ont le droit de venir chez nous, quand il leur plaira, constater l'état de ces registres. J'entends bien qu'il n'y a pas une obligation de déclarer tous les membres existants, mais il est difficile de refuser à des agents administratifs et à des agents de police judiciaire de mettre leur nez où ils veulent le mettre lorsqu'ils entrent chez nous. Je crois bien que nous avons plutôt raison de ne pas leur donner prétexte d'y entrer ; c'est encore le meilleur moyen d'éviter leur curiosité parfois bien indiscrète ? *(Applaudissements.)*

Au point de vue financier, nous aurons la possibilité d'intervention de certains agents au nom de ces fameuses lois d'enregistrement que vous connaissez très bien, qui contiennent tant de traquenards que nous connaissons encore mieux les uns et les autres, lois qui permettent de venir chez vous sous prétexte d'un impôt sur le revenu ou d'une taxe d'accroissement ou de quelque autre chose qu'il est peut-être possible d'appliquer dans la circonstance car, en général, la loi, pour ces agents, consiste à appliquer immédiatement ce qu'ils croient applicable, quitte le lendemain à reconnaître qu'ils ont eu tort.

Voilà quelques-uns des inconvénients et je vous ai indiqué les deux avantages très limités. Comparaison faite, je me dis : « Si j'étais membre d'une société de pêche à la ligne et si quelques membres de notre société, qui vit gentiment, qui taquine le goujon tranquillement depuis 20 ans, me disaient ; « nous allons nous déclarer » et que j'aie entendu exposer les avantages et les inconvénients de la déclaration, je dirais : « Restons comme nous sommes, cela ne vaut pas la peine de changer. »

C'est ma conclusion au simple point de vue juridique que j'ai seul envisagé en cette première partie de ma conférence. Ce sera bien mieux encore ma conclusion au point de vue maçonnique qui, seul, doit dicter notre attitude.

Ici, je vais parler en maçon, très loyalement, très franchement, sans autre souci que d'exprimer ce que je crois vrai, par conséquent utile.

Je ne vois pas, je ne sens pas les raisons, profondes peut-être, qui peuvent déterminer la déclaration de notre Ordre. Je ne vois pas comment on peut rester fidèle aux traditions, à l'esprit, à l'idéal maçonnique, continuer son rôle si glorieux chez nous et dans l'humanité et conclure aujourd'hui cette sorte de pacte (car ce n'est pas autre chose) avec le pouvoir.

La Maçonnerie française ne fut jamais société légalisée, déclarée, parce qu'à travers l'histoire les Maçons qui furent à sa tête n'ont jamais pensé que cela fut bon pour la Maçonnerie ; parce qu'en face des menaces, des intimidations et des persécutions ils ont toujours refusé d'incliner la tête ; parce qu'en face des habiles promesses plus dangereuses que les persécutions et les menaces, ils surent ordinairement se tenir en garde, et refuser le plat de lentilles que tous les pouvoirs n'ont pas manqué d'offrir en échange de l'indépendance qui fait la force et la gloire de notre Ordre.

Il est bien regrettable, mes Frères, que l'actualité séduisante de nombreuses questions agitées dans nos Temples ne nous laisse pas le loisir d'entendre, de temps en temps, quelques bonnes leçons d'histoire maçonnique. Il est regrettable que nous ignorions trop complètement les deux siècles que la Maçonnerie vient de remplir de son action efficace, ses méthodes et son idéal, tout ce que cette histoire renferme de leçons et de réconfort. Il est regrettable que nous ne rentrions pas, pour ainsi dire, dans la pensée profonde de ces FF.·. des temps héroïques qui l'ont faite telle que nous la connaissons.

Ah ! je suis convaincu que suivre les sentiers de cette histoire, s'imprégner de la pensée active des maîtres d'énergie qui ont été l'honneur de l'Ordre, et revivre leur vie serait d'un singulier profit pour l'esprit et le caractère de nombreux maçons. (*Vifs applaudissements.*)

Nous trouverions là la raison profonde de ce fait qu'à travers l'histoire la franc-maçonnerie ne s'est pas pliée, comme d'autres associations, aux exigences des lois. Nous ne sommes pas, en effet, une association comme les autres. Dans le discours, qu'en 1844, au moment où la G.·. L.·. de Suisse venait d'être fondée, le F.·. Bluthchli, professeur de droit, prononçait sur les « rapports entre les Etats, l'Eglise et la Franc-Maçonnerie », il disait, avec une vérité profonde : « Le jour où dans les Etats, l'Humanité sera réalisée, à cette heure-là, la Mac.·. n'aura plus de raisons d'être. Mais c'est parce que les Etats et les Gouvernements, quels qu'ils soient, restent toujours imparfaits, restent toujours au-dessous même des principes au nom desquels ils se sont constitués, qu'il est indispensable que dans tous les pays il y ait une Société qui dans son indépendance, dans son désintéressement, dans son absolue liberté, se lève en face des Gouvernements, quels qu'ils soient, pour affirmer toujours, le droit toujours trahi. » (*Salve d'applaudissements*).

Louis XV mécontent de voir la Maç.·. pénétrer dans la Cour, et nombre de ses fonctionnaires à la merci, comme on disait, « de la Secte » des Fr.·.-Maç.·., croit le moment venu de lui porter un grand coup. Il publie un édit qui interdit l'existence des sociétés secrètes et nominativement de la secte des Fr.·.-Maç.·. ; il édicte des peines pécuniaires excessivement importantes pour ceux qui l'abriteront et lui prêteront leurs locaux. Le brave Louis XV était convaincu assurément que la Maç.·. allait trembler, s'incliner et disparaître. Quand, après quelques mois, le lieutenant général apprit qu'un des Ateliers se réunissait dans un cabaret bien connu, immédiatement il envoie ses séides et le premier homme qui sortit à l'appel du commissaire de police, ce fut le duc d'Antin, lui-même, qui renvoya le commissaire de police chez son maître. (*Rires*). Il ne fut plus parlé ensuite de l'édit de Louis XV.

Mais, lorsque Bonaparte, habile et insidieux, essaya de faire pénétrer son esprit dans la Maç.·., lorsqu'il parvint à faire accepter par la Maconn.·. la plupart des membres de sa famille et les principaux chefs de sa maison militaire, et à les placer à la tête de l'Ordre, à ce moment là la Maç.·. connut vraiment une rude épreuve : celle de la corruption par le pouvoir.

Ah ! les loges augmentèrent en nombre, cela est certain ; les 200 qui existaient étaient devenues 1.200. Tous les hauts fonctionnaires s'y rencontraient, mais on n'y traitait que des sujets déterminés ; censeurs et mouchards étaient là, surveillant toutes les paroles, et les Maç.·. de ce temps résumaient de ce mot triste l'action maç.·. : « Qu'a fait la Maç.·. pendant ce temps? Elle a vécu ; elle a donné des bals, elle a donné des fêtes, elle n'a rien fait **pour l'éducation de l'Humanité** ». Quelques-uns, grâce à elle, cependant, sauvèrent le peu de lumières et le peu de traditions qu'on pouvait sauver, et c'est avec ceux-là qu'on refit la Mac.·. telle que nous la vivons à l'heure présente.

Et nous avons d'autres exemples de ces tentatives de corruption par les Pouvoirs ; il ne faut pas remonter très loin dans notre histoire pour en trouver. Il est de vieux Maç.·. qui se souviennent encore de cette heure où l'empereur Napoléon vint imposer d'office la Grande Maîtrise du maréchal Magnan, qui n'était pas même Maçon quand on l'imposa comme G.·. M.·., et à ce propos, permettez-moi de vous lire ce qu'écrivit un homme que vous connaissez tous et que nous avons tous estimé non seulement dans la Mac.·. mais dans la vie profane pour l'admirable simplicité de sa vie, en même temps que pour l'habileté avec laquelle il défendit ses idées et la ténacité avec laquelle il garda ses principes. Voici ce qu'écrivait notre Fr.·. Colfavru :

« Enfin l'Empereur... nomma lui-même par décret (11 janvier 1862) le Grand Maître du Grand Orient, en la personne du maréchal Magnan...

Le nouveau Grand Maître, après avoir vainement essayé de *violenter les rites dissidents pour leur imposer l'unité d'obédience* sous la direction suprême du Grand Orient, après avoir essayé, sans plus de succès, de *livrer le Grand Orient à la discrétion du Pouvoir civil en le faisant reconnaître d'utilité publique* comprit que les procédés autoritaires ne pouvaient convenir à une grande puissance comme la Maçonnerie Française... »

Si nos FF.·. ne se sont pas laissé intimider par les menaces, se sont rarement laissé corrompre par les promesses du pouvoir, c'est qu'ils avaient conscience de ce fait : que la Maç.·. ne sera plus le jour où elle sera la servante d'un Pouvoir, c'est que la Mac.·. ne sera plus le jour où elle n'aura plus la complète indépendance, le jour où mise ainsi, non pas sous la tutelle — le mot serait tout à fait inexact — non pas sous la haute surveillance, pas même sous la surveillance directe, mais simplement sous la surveillance indirecte du pouvoir, la Maç∴ ne pourrait plus remplir son rôle.

Je le disais tout à l'heure, je le redis : son rôle est au-dessus des contingences, et les partis qui passent et les Gouvernements qui passent sont des contingences aux yeux de la Mac∴ universelle. Elle a vécu parce qu'elle ne s'est liée à aucun de ces partis, à aucun de ces Gouvernements, si sympathiques qu'ils lui soient, parce qu'elle a toujours voulu vivre sa vie propre, parce qu'elle n'a pas incliné son idéal devant les opportunités des diverses politiques, parce qu'elle a su réaliser chez elle ce qu'elle apprenait aux hommes à exiger et ce qu'elle demandait aux pouvoirs de réaliser. Elle nous dit à tous — et elle l'a dit à une heure où il était courageux de le faire — qu'il faut pratiquer l'Egalité ; elle nous asseoit les uns et les autres sur les mêmes bancs ; elle élève ceux qui lui plaisent à certaines heures un peu plus haut, pour les inviter le lendemain à reprendre simplement leur place à l'endroit où ils étaient la veille. Belle leçon d'égalité que celle-là. (*Vifs applaudissements.*)

On a souvent fait remarquer que si à l'heure de la Révolution la fusion des Trois Ordres a eu lieu, c'est qu'en réalité la Maç∴ l'avait déjà réalisée en grande partie. A l'heure où les distinctions des classes sociales apparaissent d'une façon peut être plus profonde que jamais, la Maç∴, continuant ses traditions, nous invite les uns et les autres, sans se soucier de la classe à laquelle nous appartenons, à nous unir pour, ensemble, réaliser toujours mieux la Justice, c'est-à-dire servir mieux l'Humanité. (*Vifs applaudissements.*)

Nous avons le droit de parler d'égalité parce qu'il y a chez nous de l'égalité.

Nous avons le droit de parler de tolérance parce qu'il y a chez nous de la tolérance, parce que sur tous les points en discussion, en face de tous les problèmes il est rare que nous ne rencontrions pas des divergences, quelquefois profondes, entre nos FF∴, et que cela ne nous empêche pas de vivre la vie fraternelle que l'Humanité devra bien vivre un jour quand la Raison aura triomphé. (*Vifs applaudissements*).

Nous avons le droit de parler de solidarité parce que nous pratiquons la solidarité; elle est là, dans nos temples, sans cesse rappelée par un F∴ qui en est le gardien, comme le niveau qui est là (*l'orateur désigne l'autel du Vén∴*) nous rappelle l'Egalité.

Nous vivons ce que nous enseignons, notre Ordre doit réaliser ce que nous voulons que l'Humanité réalise demain.

Il est une chose que la Maç∴ a enseignée et partiellement réalisée, qu'elle doit lumineusement manifester et intégralement réaliser, c'est la Liberté et je ne suis pas éloigné de croire que cet enseignement est le plus important de tous. « Etes-vous un homme libre? », c'est la première question qu'on nous pose. La liberté, c'est la première de nos acclamations pour terminer nos travaux ou pour dire notre allégresse. La liberté, ce droit naturel d'où dérivent les autres droits naturels, dans tous les domaines, la Maç∴ l'a enseignée et s'est efforcée à la réaliser.

A regarder attentivement l'évolution des idées et, en particulier, l'évolution de la liberté depuis cent ou cent cinquante années, nous constatons l'effort extraordinaire que la Maç∴ a fait pour nous amener à cette liberté, encore trop limitée, que nous possédons. S'il y a liberté d'association aujourd'hui, s'il y a possibilité d'avoir une société, une association qui se réunisse librement sans rien dire à qui que ce soit, sans souci de légalité quelconque, si cette liberté est écrite dans la loi c'est en vertu d'une évolution des mœurs à laquelle la Maç∴ elle-même a travaillé. (*Applaudissements.*)

Ce droit d'être une association sans déclaration est le fruit des efforts des meilleurs d'entre nos FF∴.

Nous prétendons que cela n'est pas fini ; nous considérons que cette loi est une loi incomplète, qu'elle n'est qu'une de ces ébauches qu'une société insuffisamment démocratique peut fournir. Saluer cette orientation vers la liberté nous est une joie — adhérer à cette solution bâtarde comme si elle réalisait notre idéal serait une faute et un reniement des aspirations de nos devanciers. Nous restons fidèles à ces aspirations de la Maç∴ de tous les temps, à celles que les serviteurs du progrès, pénétrés de l'esprit maçonnique, avaient déjà admirablement affirmées en 1848, qu'ils répétèrent en 1869, à la face de l'Empire: « l'article 241 du Code pénal est abrogé ». « Les citoyens ont le droit de s'associer. L'exercice de ce droit n'a pour limites que les droits ou la liberté d'autrui et la sécurité publique », c'est là que nous voulons aller et c'est parce que nous voulons aller là, comme ont voulu y aller nos ancêtres, que nous avons une raison profonde — je vous le disais tout à l'heure — de ne pas nous incliner, de ne pas solliciter une autorisation, de ne pas faire une déclaration. Nous réalisons la Fraternité, nous réalisons la Tolérance ; nous parlons de Liberté, nous avons nos traditions de liberté ; eh bien ! je demande, reprenant un mot qui fut très courageux sur les lèvres d'un moine sous l'Empire, que nous disions à notre tour : « Non seulement nous parlons de liberté, non seulement nous voulons réaliser la liberté, mais nous sommes, nous restons une liberté. » (*Salve d'applaudissements prolongés.*)

Imp. J.-E. WATELET, 69, avenue d'Orléans, Paris